비비새 연가

都利天 詩集

비비새 연가

도서출판 경남

■ 서문

시집 엮으며

내 삶터가 도시였으면
시 모양이 어찌 됐을까

솔 내음
솔솔 풍기는
솔시 쓸 수 있었을까

산골물 졸졸 흐르는
산골시 쓸 수 있었을까

■ 차례

제1부 봄비

제2부 바다를 곁에 두고

제3부 말

제4부 소쩍새

제5부 고향 가는 길에서

제6부 고향 가는 길에서

봄비

겨울에서 봄으로

넘어오는 길목에

나무 땅 적셔주며

촉촉히 비가 오네

이제 곧 내 가슴 뜰에도

꽃이 곱게 피어나리

비비새

비 오면 비 맞으며
슬피 우는 비비새

차가운
비에 젖어
일생을 살아가네

내 모습 비비새 같아
비에 젖어 비비비 우네

접시꽃

임께 받은 접시꽃씨
내 화단에 심었네

수많은
꽃대궁에
수많은 홍접시꽃

곱다운 꽃송이마다
임 얼굴 피어 있네

임 예찬

벗님은 복이 많네
억만 그루 과수목같이

나무마다
가지마다
복 열매 주렁주렁

과일에 향기 나듯이
임 복에선 향기 나네

함박꽃 함박눈

함박꽃 좋아하는 임
함박눈 좋아하는 나

함박꽃으로
나 맞이하고
함박눈으로 임 바라보네

임이 나 맞이하는 날은
함박웃음 함박 피네

별

꿈 이루면 별이 되네
반짝반짝 빛나는 별

밤하늘
숱한 별은
국민 꿈 이룬 표시

통일 꿈 이루면 새로이
큰 별 하나 또 뜨네

산

내가 사는 집 뒤에는
처음엔 산이 없었네

허허로운
벌판 위에
티끌 모아 태산 세우듯

임 연정 하나 하나 쌓여
드높은 산 되었네

은행나무

그대 뜰 은행나무에
내 열정 저축했네

비 구름
이슬 안개
그리움도 함께 모아

성실히 저축한 공으로
사랑 열매 가득 열렸네

가로등

어두운 거리에서
가로등 보았었네

밤거리
매일 환히
밝혀주는 가로등처럼

나의 삶 어둔 길목에
숱한 등 들고 오신 임

임에게 편지

하나 하나 돌을 놓아
만리장성 성 쌓았듯

한 자 한 자
글자 놓아
만리장서 편지 썼네

그것도 부족하여서
눈물 적셔 보냈네

바 람

나에게 바람 있네
바람같은 바람 있네

찬 허리
감싸주고
찬 마음 녹여주는

우리 임 연정 바람이
열풍처럼 불어왔으면

벌 · 1

작은 발에 꽃가루
조금씩 묻혀 와서

불철주야
일구월심
일심으로 꿀 만들 듯

임 마음 벌과 같아라
사랑 역사 쉼 없어라

벌 · 2

나는 죄가 많아서
벌이 자주 쏘고 가네

죄 있으면
벌 받으라며
벌이 벌을 주고 가네

착하게 살으라면서
콕 깨우침針 주고 가네

소 원

금생에 사람 노릇
티끌만큼 한 공으로

나 사후에
한 송이
히말라야 눈 되고 싶네

상봉에 만년설로 쌓여
만년쯤 살고 싶네

태양과 같이

수평선에 솟아오른
아침 해 보았었네

세상에
빛 주기 위해
솟아오른 태양처럼

임 또한 오늘 아침에
저와 같이 기상했으리

꿈

멀리 계신 우리 임
보고 싶어 애태우다

임 자태
그림으로
그리고 또 그렸더니

한 번도 꿈에 없던 임이
오늘 꿈에 오시었네

가로수

임 오시는 길 양켠으로
줄지어 선 가로수

불철주야
한 맘으로
굳건히 선 가로수

임 환영 마중길에 선
나의 분신 저 가로수

마 음

동심으로 진심으로
본심으로 성심으로

초심으로
일심으로
살을려고 작심했지만

작심이 3일도 안 되어
천심 만심 흩어졌네

세계일화

인류는 한 가족이요
세계는 한 송이 꽃

세계는
인류가 근본
꽃송이는 뿌리가 근본

한 떨기 꽃송이 속에
꽃씨 같은 인류 들어 있네

반 달

내 고향 둥근달 좋아
타향으로 떠나올 때

반 떼어
가져와서
내 하늘에 띄워놓고

고향이 그리울 제 보며
외론 마음 달래네

여름에

한여름 그늘에 앉아
시 한 편 지어놓고

일등시라
생각하며
읽어보고 있었는데

산새가 꼴똥시라며
○을 누고 날아갔네

바다를 곁에 두고

바다를 곁에 두고

20여 년 살아왔네

바다 보며 살았어도

바다를 닮지 못했네

내 마음 깊이도 그렇고

넓이도 빛깔도 그렇고

바다를 곁에 두고 · 1

흐르는 물은 맑고
고인 물은 상한다 하네

태초부터
영겁토록
한 곳에 고여 있는 해수

대해는 대인 같아서
한 방울도 상함이 없네

바다를 곁에 두고 · 2

백사장에 남긴 발자국
파도가 지우고 있네

바닷가에
남긴 목소리
바람이 지우고 있네

헛 자국 남기지 말고
소리 없이 살으라 하네

바다를 곁에 두고 · 3

동해에서 해가 솟네
해 얼굴에 물 묻어 있네

눈물인가
땀물인가
물이 묻어 더 정결하네

세상에 큰 업적 위해선
땀 눈물 있음을 보여주네

바다를 곁에 두고 · 4

하늘 빛 산 빛 푸르고
바다 빛도 푸르네

하늘 바다
산 셋이
영원히 푸른 청춘이네

겉과 속 맑음이 같아
빛이 저렇게 푸르네

바다를 곁에 두고 · 5

내 마음엔 흰 빛보다
검은 빛이 많았었네

푸른 바다
보고 있으면
검은 빛이 씻겨지네

지금은 검은 빛 씻겨
마음 온통 푸른빛이네

바다를 곁에 두고 · 6

낮은 곳이 청정해야
세상이 맑아진다며

하늘은
바다에 비를
향수처럼 뿌려주네

낮은 곳 바다가 맑아
온 세상이 청정하네

바다를 곁에 두고 · 7

바다에 물새 나네
노래하며 종일 나네

바다도
새 노래 들으며
온종일 즐거웁네

바다는 억만 년 묵었지만
언제나 새 바다네

바다를 곁에 두고 · 8

어둔 바다 오가는 배
등대가 인도하네

깜박깜박
불빛 따라
배 즐겁게 오가는데

나의 배 오가는 길엔
등대 하나 없었네

바다를 곁에 두고 · 9

큰 바다 넓은 바다
매일 보며 살았지만

범속한
사람 눈으론
바다를 다 볼 수 없다며

수평선 너머 바다는
보여주지 않았네

바다를 곁에 두고 · 10

바다는 광활하여
끝쪽을 알 수 없네

바다는
속이 깊어
수심을 알 수 없네

나 또한 한이 깊어서
수심愁心을 알 수가 없네

바다를 곁에 두고 · 11

벗님 싣고 바다 멀리
이별의 배가 가네

수평선 넘어
배 가네
배 안 보여도 배 가듯

벗님은 아니 보여도
임은 가네 저렇게 가네

바다를 곁에 두고 · 12

바닷가 바위에 앉아
큰 바다 바라보네

바다도
나를 볼까
나 어떻게 보일까

내 모습 바다에 견주면
모래 한 알쯤 보이겠지

바다를 곁에 두고 · 13

봄바다는 생각하네
고운 꽃 피우고 싶다고

뱃고동
붕붕 울리며
봄바다에 배가 가네

수억만 송이 꽃단배 보며
바다는 즐거워하네

바다를 곁에 두고 · 14

바다에 비가 오네
바다가 비에 젖네

비에 젖은
바다 보며
나도 함께 비에 젖네

수평선 고독의 선 넘어
다가올 임 기다리며

바다를 곁에 두고 · 15

바닷가 절벽 바위에
파도가 부딪치네

부딪칠 때
한 알씩
모래가 떨어지네

모래알 하나 만들기 위해
온 바다가 일어서네

바다를 곁에 두고 · 16

임 떠나는 바다에
눈 펄펄 내리고 있네

임 싣고
배 가는데
이별 눈꽃 뿌려주네

내 마음 아는 듯 눈이 녹아
눈물〔雪水〕바다 되었네

바다를 곁에 두고 · 17

하늘이 바다를 보며
칭찬 말 하고 있네

거대한
고래가 있어
바다가 위대하다고

칭찬 말 듣고 있던 고래가
덩실덩실 춤을 추었네

바다를 곁에 두고 · 18

전조등 불빛도 없이
밤바다에 배가 가네

망망대해
어디론가
흔들리며 배가 가네

거치른 파도 물결 위에
내 일엽편주 배가 가네

바다를 곁에 두고 · 19

밤바다에 밤배 가네
설운 임 싣고 가네

행복의 섬
거제 두고
어느 항구 가려는가

가다가 뒤돌아보이면
거제 섬에 다시 오소서

바다를 곁에 두고 · 20

냇물도 여러 줄기
강물도 여러 줄기

내 마음도
여럿인데
바다는 오직 한 덩이

한 바다 한 마음처럼
내 마음도 하나였으면

말

악한 말씨 심었더니

싹이 나지 않았네

착한 말씨 심었더니

싹이 곱게 나왔네

고운 꽃 맑은 향기가

세상에 가득했네

말 · 1

우리 인생 삶의 운수가
팔자에 있다 하고

운명대로
산다 하고
이런저런 말 있지만

진실로 참다운 운명은
그 사람 언어에 있네

말 · 2

입 열면 입 밖으로
말이 살아서 나오네

세상에
태어난 말
명 길면 좋을 텐데

군자님 덕언과 같이
덕 풍기면 좋을 텐데

말 · 3

사람 만나 말할 때
설왕설래 말 오가는데

그의 말
들을 땐 많이
들을수록 빛이 나고

나의 말 할 때는 말이
적을수록 빛이 나네

말 · 4

말 예쁘면 복 굴러오고
안 예쁘면 복 굴러가네

굴러온 복
줄이 되어
줄줄이 연결되네

행복줄 재복줄 인복줄
장수복줄 명복줄

말 · 5

언성이 높아지면
머리에 뿔 나오네

독한 뿔
솟아올라
독뿔장군 졸부 되고

몸과 눈 말씀 낮추면
숭앙받는 장부 되네

말 · 6

아기가 말 배울 때
얼마나 순수할까

누구나
일생 동안
말 실수 많이 하지만

말 배울 때처럼 순수하면
말 실수 없을 텐데

말 · 7

어느 분은 시 몰라도
말을 하면 시가 되네

꽃처럼
향기로운
별처럼 반짝이는

그 말씀 다 모아놓으면
꽃시 되고 별시 되네

말 · 8

말에 가시 있다 하고
말에 뼈 있다 하네

가시와 뼈
뽑아야
부드러운 말 될 텐데

고운 말 아름다운 말
멋쟁이 말 될 텐데

말 · 9

말이 씨 된다 하네
씨 되어 싹 난다 하네

고운 싹은
고운 꽃
고운 꽃은 고운 꽃씨

내 꽃씨 곱게 날아가
그대 뜰에 꽃이 피네

말 · 10

말에서 향기 나네
꽃보다 향기로운

말에서
빛이 나네
별보다 반짝이는

말에서 품위가 나네
고운 말 그 말씀에서

말 · 11

말(馬)은 천리 뛰어가고
말(言)은 만리 날아가네

천리 말은
잡을 수 있고
만리 말은 잡을 수 없지만

쓸 말은 곱게 돌아오고
못쓸 말은 밉게 돌아오네

말 · 12

옳고 그름 가리려고
목숨 걸고 설전하는 분

인내하고
용서하면
내 마음 편할 텐데

나보다 상대자 마음
더 편할 텐데 그럴 텐데

말 · 13

말 예쁘면 천냥 빚 갚고
천냥도 얻을 수 있네

말로써
임 얻기도 하고
말로써 임 잃기도 하네

입에서 말이 나오고
말 속에 행불행 있네

말 · 14

말 많으면 쓸 말 없고
말 적으면 쓸 말 있네

쓸 말이
없는 말은
안함이 옳음이요

쓸 말이 있는 말씀은
함이 더욱 옳음이네

말 · 15

내 말에 씨가 있고
내 복에도 씨 있네

말씨는
아름답게
복씨는 풍요롭게

두 씨앗 잘 심어 가꿔
내 삶이 보람 되네

말 · 16

입으로 말을 하면
실수한 말 나오지만

눈으로
표현하면
실수한 말 안 나오네

미소도 입 미소보다
눈 미소가 더 다정하네

말 · 17

어느 날 말과 말이
달리기 경기했네

말은 네 발로
달리고
말은 발 없이 달렸지만

말보다 말〔言〕이 빨리 갔다
말보다 말〔言〕이 빨리 왔네

말 · 18

내 말에 씨가 있네
씨 있어 싹이 돋네

말 고우면
꽃씨 되고
안 고우면 불씨 되네

꽃씨와 불씨 모두는
내 말에서 나오네

말 · 19

말 많은 집 장맛 쓰고
말 적은 집 장맛 다네

장맛이
좋은 집엔
음식의 맛이 좋고

음식 맛 좋은 집 가정은
인심도 후덕하네

말 · 20

가는 말이 고와야
오는 말이 곱다 하네

말이 갈 때
정이 가고
말이 올 때 정이 오고

세상사 오가는 정, 말
이왕이면 고우소서

소쩍새

태양은 동쪽에서 떠

서쪽으로 넘어가네

태양 따라 서쪽에 가면

운수 좋은 길 있다고

소쩍새 서쪽 서쪽 울며

방향을 알려주네

소쩍새 · 1

소쩍 울음 듣고 싶어
모처럼 고향에 왔네

소쩍 울음
듣고픈 나
소쩍새 어찌 알았을까

여느 날 여느 때보다
더 애절히 울음 우네

소쩍새 · 2

소쩍새 울음처럼
내 울음도 좋았으면

상한 가슴
소리 없이
삭히지 않았을 걸

까만 밤 공산에 올라
마디마디 울었을 걸

소쩍새 · 3

산마을 내 고향은
소쩍새 우는 고향

별천지
산마을에선
울음도 별 되는가

소쩍새 애절한 울음
반짝반짝 별로 뜨네

소쩍새 · 4

소쩍새는 무슨 일로
겨울엔 울지 않을까

겨울 밤에
슬피 울면
눈 많이 내릴 텐데

어머닌 긴 겨울 밤에
더 많이 울었는데

소쩍새 · 5

나 사후에 환생하면
소쩍새 되고 싶네

어머니
계시는 곳
저승으로 날아가서

내 고향 소쩍새 울음
그 울음 들려드리고 싶네

소쩍새 · 6

소쩍새 많이 울면
진달래 곱게 피고

진달래
곱게 피면
대풍년 온다지만

어머닌 풍년이 없었네
참꽃처럼 살았어도

소쩍새 · 7

어머니는 울음 울 때
눈물 줄줄 흘렀는데

소쩍새도
울음 울 때
눈물 줄줄 흐르는가

울음에 눈물 있었으면
이미 눈물강 됐을 텐데

소쩍새 · 8

내가 만일 소쩍새라면
임 창가엔 가지 않으리

마디마디
긴 설움
임에겐 보이지 않으리

산 넘어 먼 곳으로 가
임 모르게 울음 우리

소쩍새 · 9

소쩍새는 무얼 먹을까
솔씨일까 솔잎일까

무얼 먹어
저렇게
울음이 애절할까

한 깊은 우리 어머니
눈물만 받아서 먹네

소쩍새 · 10

이슬같이 맑은 혼
혼으로 우는 소쩍새

몸체는
보이지 않고
울음만 들려오네

사람도 혼으로 울어야
최고 울음 될 텐데

소쩍새 · 11

어머니는 새장에
소쩍새 키우다가

이승에서
저승으로
새와 함께 날아갔네

까만 밤 저승 울음이
이승까지 들려오네

소쩍새 · 12

귀 어둔 내가 고향에 와
소쩍 울음 들었었네

그 소쩍새
타향까지
나 따라와 울었었네

그 울음 한없이 듣다
귀가 문득 밝아졌네

소쩍새 · 13

아마도 우리 어머니는
전생에 소쩍새였네

가슴속에
소쩍새 둥지
얼키설키 지어놓고

그 둥지 떠나지 않은 채
소쩍소쩍 울며 살았네

소쩍새 · 14

산새 들새 물새는
노래한다 말하면서

무슨 뜻
무슨 연유로
소쩍새만 운다 하는가

새들은 낮에 노래하고
소쩍새는 밤에 울어 일까

소쩍새 · 15

어머니는 생전에
소쩍 울음 좋아하여

임종 후
마을 뒷산에
묘소 지어 안장했더니

애절한 소쩍새 울음
그 묘소에서 들려왔네

소쩍새 · 16

소쩍새는 무슨 뜻으로
고향산에 와서 울까

소쩍새
울음 없으면
고향산 아니라며

어머니 계시는 산골
고향산에 와서 우네

소쩍새 · 17

우리 마을 뒷산에서
소쩍새 울음 울고

우리 집
뒤안에서
어머니 울음 우네

깊은 밤 둘이서 함께
마주 보며 울음 우네

소쩍새 · 18

소쩍새 긴 울음이
대숲에 떨어지네

임 그리워
밤새워
마디마디 울음 울면

그 울음 임 계신 대숲에
마디마디 맺히네

소쩍새 · 19

소쩍새 울음이 좋아
산골에 사신 어머니

소쩍새
되고 싶다
유언 말씀하시더니

임종 때 어머니 육신이
소쩍새 되어 날아갔네

소쩍새 · 20

세상에서 제일 으뜸
울음이 무엇일까

아마도
우리 어머니
울음인가 했더니

어머니 울음보다 먼저
소쩍새 울음 으뜸이네

고향 가는 길에서

밤새도록 시를 찾아

하늘까지 갔었지만

한 구절도 찾지 못하고

목마름에 돌아와서

산마을 고향 갔더니

맑은 시샘 있었네

고향 가는 길에서

1.
고향산에 산새 날면 고향집에 손님 오실까
쓸쓸한 고향집에 손님 오면 좋을 텐데
산새가 매일 날았어도 새 손님 새 소식은 없었네

2.
올봄에 꽃이 피면 고향에 가야 하리
산길 들길 걸으면서 산꽃 들꽃 구경하며
고향에 봄바람처럼 산들산들 가야 하리

3.
바위도 고향 바위는 나이 들어 인물 나네
세월 풍상 품안은 채 고향산천 지켜 앉아
세상사 초월한 모습 품위마저 드높으네

4.
어머니가 일궈놓은 산골짜기 봄논에서
어머니 목소린 듯 개굴 울음 들려오네
저승 간 우리 어머니 저 논을 어찌 잊을까

5.
천하명당 우리 고향 궁터같은 우리 마을
왕실 가문 이어가듯 왕잠자리 왕거미들이
평온한 우리 고향에서 대를 이어 살아가네

6.
내 고향 작은 마을 태산이 품고 있네
태초부터 태산 아래 우리 마을 있었을까
마을은 아주 작은데 이름은 태산마을

7.
산골마을 내 고향은 깊은 산골 산에 있네
산골 집 산골 감나무 산골 달빛 산골 적막
내 고향 청산옥수에 금상첨화 풍경이네

8.
여름에 비가 오네 밤에 더욱 많이 오네
어두운 여름 밤에 저승길 찾아갈 때
길 몰라 우리 어머니 울며 울며 가시더니

9.

음력 3월 청명일에 선산에 성묘 갔네
절후가 청명일이라 일기마저 청명한데
이 좋은 날 성묘하여 자손 운수도 청명하네

10.

저승에도 산 있을까 산 있으면 좋을 텐데
골 깊은 산 적막한 산 고향산천 닮은 산
그 산에 우리 어머니 계셨으면 좋을 텐데

11.
사람은 주름 깊으면 얼굴의 미 없어지지만
산은 주름 깊을수록 산의 미 아름답네
산골은 산의 주름살 골 깊을수록 명산이네

12.
첩첩산골 내 고향은 산이 높아 골이 깊네
천곡 만곡 골짜기 천폭 만폭 폭포수
봉우리 천봉만봉에 천추만대 대명당 터

13.
어릴 때 고향에서 늘 보았던 별 하나가
지금도 나 따라와 내 하늘에 떠 있네
그 별님 보고 있으면 반갑다며 윙크하네

14.
산마을 어머니는 식생활 곤궁하여
험준한 산에 올라 산머루 따 오셨네
일평생 산머루처럼 맑게 사신 어머니

15.

타향도 정 들이면 고향과 같음이요
고향도 정 멀어지면 타향과 같음인데
사는 일 모두가 정이요 웃울음도 모두 정이네

16.

꽃 심을 땐 꽃삽손 농사 일 땐 농기구손
남 도울 땐 천사손 나 아플 땐 명약손
운명을 가꾸는 운명손 신비의 손 어머니 손

17.

산길 따라 걸어가면 산길 끝에 마을 있네
산새들의 둥지같은 첩첩산골 우리 마을
더 이상 갈 곳이 없어 산길 끝에 마을 세웠네

18.

사는 일에 얽매여서 고향 오래 못 가다가
농한기 겨울 맞아 고향 길에 올랐더니
온종일 눈꽃 뿌리며 반겨주는 고향 하늘

19.

어젯밤 단잠에서 고향 가는 꿈 꾸었네
꿈 속에 여기저기 길 잃고 헤매다가
고향 옛 소쩍새 울음 그 울음 따라 찾아갔네

20.

우리 마을 자랑거리 특출하게 무엇 있을까
세상에 보일 만한 자랑거린 하나 없지만
아직도 원시 생활이 우리 마을 자랑거리

21.
어머니 제사일은 4월 7일 밤 10시네
잔 올리고 절 올리고 축문 읽어드렸더니
어머니 생전 육성으로 소쩍 울음 들려왔네

22.
우리 마을 계곡에 풍치 좋은 폭포 있어
주야장천 끊임없이 폭포물 쏟아지네
빈궁한 우리 마을에 복이 저렇게 쏟아졌으면

23.

어머니 보고 싶어 묘소에 찾아가서
봉오리 맺은 국화 봉분에 꽂았더니
어머니 나 알으시고 꽃을 활짝 피웠네

24.

세상에는 꽃이 있네 아름답고 향기로운
고향에도 꽃이 있네 소박하고 풍요로운
농부님 혼 땀으로 피운 저 청순한 농작물 꽃

25.
우리 마을 어른님들이 하늘로 가시더니
오늘 모두 함께 모여 함박웃음 웃었나 봐
그 웃음 함박눈 되어 송이송이 내려오네

26.
어젯밤 내 꿈밭에 어머니 오시었네
저승에도 꿈 있나 봐 꿈길 걸어오신 걸 보면
오늘은 내가 가야지 어머니 꿈밭으로

27.

비 오는 날 비에 젖어 고향 산길 걸어가네
풀 한 포기 돌 하나도 고향 것은 소중한데
고향 비 너무 소중하여 비에 흠뻑 젖어서 가네

28.

어머니 임종시에 사자가 왔었더니
저승사자 동물사자 둘이 함께 왔었더니
사자님 따라가는 어머니 동물사자가 막았더니

29.

세상에는 길이 있네 화려한 길 빛나는 길
고향에도 길 있네 산길 들길 논길 밭길
세상에 나가는 길은 고향길이 첫길이네

30.

고향에 도착하니 소나기 비가 오네
저 비가 왜 오는가 올 때도 아니건만
천상에 우리 어머니 나에게 주신 눈물의 비

31.

고향에 와서 보니 산과 물 숲이 있네
순박한 풍경들이 자연 모습 그대론데
고요히 적막이 흘러 고향 풍경 더 아름답네

32.

산골에서 우리 어머니 어떻게 살았을까
꽃씨만 한 복도 없이 꽃잎만 한 운도 없이
어떻게 부족한 가정사 꾸려가며 살았을까

33.
고향 떠나 타향 갈 때 성황당에 약속했네
자수성가 대업성취 입신양명 금의환향을
그 약속 지키지 못해 환향의 꿈 접고 있네

34.
내 고향 산마을에는 논보다 밭이 많네
평지가 별로 없어 언덕에 밭 일구었네
언덕밭 농사 기술은 우리 부모님 으뜸이네

35.

일찍이 고향 떠나 타향에 살으면서
높은 곳 못 오르고 낮은 곳만 맴돌았네
지금도 낮은 곳에서 맴맴맴 맴을 도네

36.

어머니 임종 후에 소지품 정리하며
무엇이 소중할까 유심히 보았더니
언제나 단정했던 머리 참빗 하나 소중했네

37.

고향에 길이 있어 길이 활짝 열려 있네
열린 길 열린 인정 열린 마을 열린 인심
타향에 닫혔던 마음 고향에 와 열리었네

38.

땅 쓸면 금 나오고 문 열면 복 온다는데
어머니는 일평생 땅에서 흙 일구며
마음 문 집문 다 열었지만 금과 복은 오지 않았네

39.

시골 들녘 언덕에 소박하니 들꽃 폈네
논밭에 노동하는 농부님 노고 위하여
들녘에 해맑은 향기 솔솔솔 뿜어주네

40.

섬이나 바닷가나 도시나 시골이나
누구나 좋은 곳에 좋은 고향 있지만
하늘도 모르는 산골 그 산골이 내 고향

고향 가는 길에서

고향에 살을 때 난

꽃에게 무심했지만

고향꽃은 변함 없네

꿋꿋이 한 마음이네

올봄도 나 기다리며

꽃을 곱게 피우네

고향 가는 길에서

1.
고향에 와서 보니 큰 구름 둥둥 떴네
저 구름 무슨 일로 누가 띄워 보냈을까
숱한 날 내 고향 생각이 구름으로 뭉쳐 떴네

2.
가는 길도 외길이요 오는 길도 외길인데
산골길 외로운 길 외길 평생 걸으면서
산마을 내 고향 사람 외길 인생 살아가네

3.
부모님 큰 그늘이 만리까지 간다 하네
큰 그늘이 어찌 다만 만리까지 뿐이리까
다복한 가문에서는 만년까지 내려가네

4.
향산에 핀 산꽃들은 우리 어머니 혼꽃이네
기차 바다 섬도 모르며 산에만 사신 어머니
사후에 혼이 산꽃 되어 산에 가득 피어났네

5.

우리 마을 고향산은 골이 깊어 산골인데
해마다 그 산골이 자꾸만 깊어지네
세월이 깊어질수록 산골도 더 깊어지네

6.

어머니 보고 싶어 겨울밤 고향에 왔네
하늘 가신 우리 어머니 나 보려고 오실까
문풍지 떨리는 소리 어머니 오시는 소리

7.

주야장천 흘러가는 산골물이 부지런하네
쉬임없이 졸졸졸 끊임없이 돌돌돌
부모님 산골물같이 졸졸 돌돌 부지런했네

8.

첩첩산골 우리 고향 마을 이름 여럿 있네
꽃이 많아 꽃동네 새가 많아 새 동네
물 좋고 산 좋아 산마을 늘 신선한 신선마을

9.

우리 옛 어머니는 둥근달 좋아하여
성품도 둥글둥글 말씀도 둥글둥글
음성도 달빛 같아서 말이 항상 고요로웠네

10.

청운 꿈 이루려고 고향 일찍 떠났는데
청운 꿈 못 이루고 고향에 와서 보니
내 고향 하늘에 가득 청운이 떠 있었네

11.
어머니 빈궁한 삶 땅이 알까 하늘이 알까
어머니가 가꿔놓은 농작물이 먼저 알고
한 잎새 한 곡식이라도 더 열릴려고 노력했네

12.
우리 마을 동산에는 소나무가 많이 있네
적막강산 산골에서 소나무도 심심하여
즐겁게 솔방울들을 방울처럼 들고 있네

13.
산마을 어머니는 흙에 살다 흙에 묻혔네
맑은 마음 맑은 몸으로 일평생 흙에 살다
고향 땅 고향 흙에 묻혀 신토불이 되시었네

14.
산토끼와 입맞추는 첩첩산중 산골에서
우리 어머니 쓸쓸하여 어떻게 살았을까
토끼와 입맞추다가 태를 받아 나 낳았네

15.

내 고향 진달래꽃은 행운의 꽃 행복의 꽃
이른 봄에 진달래꽃 일곱 송이 먹고 오면
일평생 행운이 있어 오복 칠복 만복이 오네

16.

감나무골 우리 고향 마을이 온통 감나무네
전답에 작물 소출은 해마다 부족했지만
감나무 감 수확 하나는 해마다 풍족했네

17.
어머니가 심어놓은 산골밭 농작물이
쓸쓸하고 적막하여 밤새도록 울었나 봐
어머니 눈물같은 이슬 주렁주렁 달고 있네

18.
생시에 못 갔던 고향 꿈속에서 갔었네
발걸음 가벼웁게 산길 따라 걸었지만
고개가 너무 높아서 넘지 못하고 돌아왔네

19.

우리 옛 어머니 몸은 눈이 제일 건강했네
빈궁한 삶 눈물이 자주자주 흐르면서
눈빛에 어둠이 씻겨 해말가니 밝으셨네

20.

나 어릴 때 설날에 색동옷 입었는데
가을산 나무들도 색동옷 입고 있네
가을산 저 나무들은 가을이 설인가 봐

21.
고향에 물레방아 풍년방아 희망방아
좋은 세월 품에 안고 빙글빙글 돌았는데
지금은 방아 멈추고 세월 혼자 돌아가네

22.
어머니는 보리고개 넘지 못해 울었네
북망산 고개보다 더 높은 보리고개
그 고개 언덕에 앉아 소쩍새처럼 울었네

23.

산마을 우리 고향은 산수화 그림과 같네
산과 물 꽃과 바위 새와 숲 구름 허공
초가옥 집들이 낮아 여백이 많은 그림이네

24.

부모님은 고향땅에 사과나무 심으면서
가난하게 쓸쓸하게 불우하게 살았던 일
하늘과 일월성신께 용서 빌며 사과했네

25.
청년시절 고향 갈 땐 몸 펄펄 날았는데
나이 들어 고향 가니 몸 천근 마음 만근
그래도 걸을 수 있어 고향길이 즐거웁네

26.
산마을 우리 어머니는 금실 은실 없었네
유년시절 어머니가 내 명절옷 지으실 때
결 고운 청심 홍심으로 청실 홍실 엮으셨네

27.

겨울밤 밤길 걸으며 고향에 와 잠들었네
하늘 가신 우리 어머니 고향에 온 나 알으시고
포근히 단잠 들으라며 눈꽃 이불 덮어주네

28.

지금도 고향 가면 마을길 익숙하네
아동 시절 동심으로 동네길 다녔기에
발바닥 인식이 남아 어둔 길도 잘 다니네

29.
어머니가 가꾼 농작물 맑기가 수정같네
산꽃 향기 들꽃 향기 산 이슬 산새 소리
해와 달 별빛이 스며 수정같이 해맑갛네

30.
아버지는 말씀보다 침묵이 많았었네
성품도 발걸음도 조용하고 고요했네
일평생 산골에 살며 산 닮아 산 같으셨네

31.

나 어릴 때 산골에서 토끼처럼 살다 오늘
겨울밤 고향에 와 몸 편히 잠들었는데
영혼은 마당 눈 위에 토끼처럼 뛰놀았네

32.

임이 행여 마중 오나 산길 가며 설레였네
세월이 무정함인가 심사가 무정함인가
벗님은 마중이 없고 빈 바람만 마중 왔네

33.
우리 집 초가 지붕에 박넝쿨 올라가서
둥근 박 주렁주렁 대풍년 이뤘지만
올해도 금화 나오는 그런 박은 없었네

34.
어머니는 산골에서 쓸쓸히 사시더니
저 세상 가실 때도 쓸쓸히 가시더니
주위에 묘 하나 없는 곳에 또 쓸쓸히 묻히더니

35.

어머니가 나를 낳아 금야 옥야 키웠는데
금나무 옥나무 되라며 금지옥엽 키웠는데
그 소원 따르지 못하고 이미 꽃 지고 잎도 졌네

36.

겨울에도 고향 가면 고향이 온화하네
찬바람 씽씽 부는 혹한인데 왜 온화할까
조상님 부모님 음덕이 살아 있어 온화하네

37.
우리 마을 건너가는 일곱 개 돌 징검다리
밤이면 북두칠성 일곱 별이 내려와서
징검돌 징검징검 건너며 놀다 가곤 했었네

38.
일평생 우리 아버지 지게 지며 사시더니
임종 때 유품으로 지게 하나 남기더니
그 지게 우리 가문에 가보로 남았더니

39.

내 고향 솔밭 숲에 진달래 꽃이 폈네
거송으로 성장하여 고향 숲 되기까지
소나무 노고에 대하여 꽃을 피워 축하하네

40.

고향 산길 걸어가다 누가 오나 돌아봤네
오가는 사람 없는 쓸쓸한 고향 산길
타고향 어디에서나 내 길에는 혼자였네

41.

어느 꽃씨는 운이 좋아 도시공원에 터 잡았네
어느 꽃씨는 바람 따라 산골 산에 터 잡았네
산꽃은 외로웠지만 공원꽃은 외롭지 않았네

42.

어머니 살으셨던 집 지붕 위에 박꽃 폈네
박꽃처럼 맑게 사신 어머니 혼백 기운이
새하얀 박꽃으로 펴 온지붕 다 덮었네

43.

겨울에는 산과 들에 꽃 없네 향기 없네
겨울 땅에 꽃 없는데 어디서 향기 날까
저 하늘 꽃구름에서 향기 솔솔 풍겨오네

44.

산골 밭 초롱꽃이 초롱초롱 피어 있네
산골 밤 숱한 별이 초롱초롱 반짝이네
산골 집 아이들 눈이 초롱초롱 빛이 나네

45.

국화꽃은 군자의 꽃 인내의 꽃 성공의 꽃
소쩍새 많이 울어야 국화꽃 핀댔는데
나 위해 소쩍새 울었지만 내 국화는 피지 않았네

46.

고향에 와 별 보았네 북두칠성 행운의 별
운 없이 사는 내가 행운 있길 빌었더니
사는 일 옛과 같으나 삶의 마음 밝아졌네

47.

우리 집 달맞이꽃 달밤에 달을 보네
어머니 계실 때는 셋이 함께 달 보았는데
어머니 나 없는 지금은 꽃만 홀로 달을 보네

48.

풀잎에 맺힌 방울 방울방울 이슬방울
얼굴에 맺힌 방울 방울방울 땀방울
우리 임 눈에 맺힌 방울 방울방울 눈물방울

49.

밝은 날 걸어가면 그림자 따라오네
무심히 아주 무심히 따라오는 그림자처럼
나 또한 세상 한쪽에 무심히 왔다 가네

50.

그리운 고향에 가면 사모하는 임이 있네
살아서나 사후에나 잊지 않고 생각하는
이 세상 오직 한 분이신 어머니 사모思母합니다

■ 발문拔文

시를 쓰고 나서

운명도 아니면서
운명처럼 태어났네

운명도
아니면서
운명처럼 살아왔네

운명도 인연도 아니면서
운명처럼 시를 썼네

008

경남대표 시인선

비비새 연가
都利天 詩集

1쇄 찍은날 2010년 5월 2일

지은이 도 리 천
펴낸이 오 하 룡
펴낸곳 도서출판 경남

주소 631-430 마산시 서성동 66-18
전화 (055) 245-8818~8819
홈페이지 http://www.gnbook.com
전자메일 gnbook@empal.com
출판등록 제2호(1985. 5. 6.)
편집팀 오태민 | 심경애 | 구도희

ISBN 978-89-7675-621-3-03810
〔값 10,000원〕